училище - isikole	2
пътуване - ukuhamba	5
транспорт - izinto zokuhamba	8
град - idolobha	10
пейзаж - ingadi	14
ресторант - isitolo sokudlela	17
супермаркет - emakethe enkulu	20
напитки - iziphuzo	22
ядене - ukudla	23
селски двор - ifamu	27
къща - indlu	31
всекидневна - igumbi lokuhlala	33
кухня - ikhishi	35
баня - igumbi lokugeza	38
детска стая - igumbi lezingane	42
облекло - izimpahla	44
офис - i-ofisi	49
икономика - umnotho	51
професии - imisebenzi	53
инструменти - amathuluzi	56
музикални инструменти - izinsimbi zomculo	57
зоологическа градина - esiqiwini	59
спорт - imidlalo	62
дейности - imisebenzi	63
семейство - umndeni	67
тяло - umzimba	68
болница - isibhedlela	72
спешен случай - izimo eziphuthumayo	76
Земя - Umhlaba	77
часовник - iwashi	79
седмица - iviki	80
година - unyaka	81
форми - amasheyphu	83
цветове - imibala	84
противоположности - izinto ezingafani	85
числа - izinombolo	88
езици - izilimi	90
кой / какво / как - ubani / ini / kanjani	91
къде - kuphi	92

Impressum
Verlag: BABADADA GmbH, Nedderfeld 112 , 22529 Hamburg
Geschäftsführer / Verlagsleitung: Harald Hof
Druck: Books on Demand GmbH, In de Tarpen 42, 22848 Norderstedt

Imprint
Publisher: BABADADA GmbH, Nedderfeld 112 , 22529 Hamburg, Germany
Managing Director / Publishing direction: Harald Hof
Print: Books on Demand GmbH, In de Tarpen 42, 22848 Norderstedt

училище
isikole

деление
divayda

186/2

черна дъска
ibhodi

класна стая
ikilasi

училищен двор
igceke lesikole

учител
uthisha

хартия
iphepha

химикал
ipeni

бюро
ideski

пиша
bhala

линеал
irula

книга
incwadi

ученик
umuntu

ученическа раница
isikhwama

ученически несесер
isikwama sepeni

молив
ipensela

острилка за моливи
umshini wokulola

гума
irabha

блок за рисуване
indawo yokudweba

рисунка
ukudweba

четка
ibrashi lokupenda

акварелни бои
ibhokisi lokupenda

ножица
isikelo

лепило
inomfi

тетрадка за упражнения
incwadi yesikole

домашна работа
umsebenzi wasekhaya

число
inamba

събиране
hlanganisa

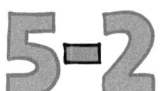

изваждане
susa

умножение
phindaphinda

смятане
bala

буква
incwadi

азбука
izinhlamvu zamagama

дума
igama

училище - isikole

текст

umbhalo

чета

funda

тебешир

ushoki

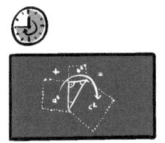

час

isifundo

дневник на класа

bhalisa

изпит

isivivinyo

свидетелство

isitifiketi

ученическа униформа

iyunifomu yesikole

образование

imfundo

справочник

i-encyclopedia

университет

inyuvesi

микроскоп

isibonakhulu

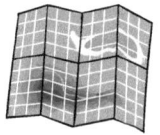

карта

ibalazwe

кошче за хартиени отпадъци

ibhaskidi yokulahla amaphepha

училище - isikole

пътуване
ukuhamba

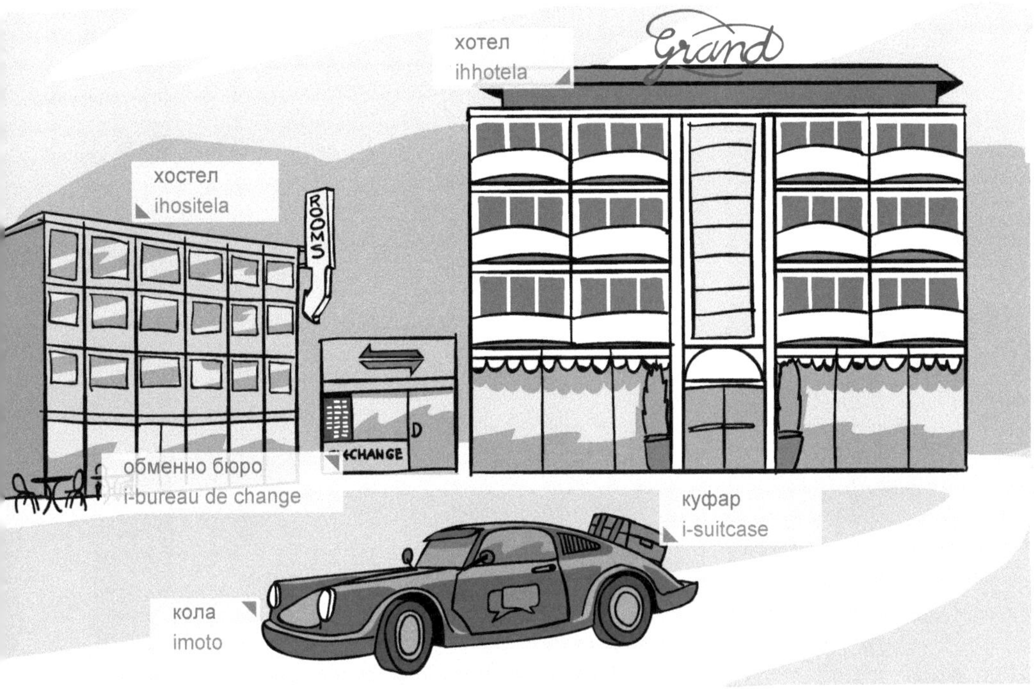

хотел
ihhotela
Grand
хостел
ihositela
ROOMS
обменно бюро
i-bureau de change
EXCHANGE
куфар
i-suitcase
кола
imoto

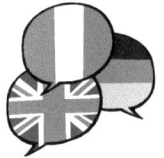

език

ulimi

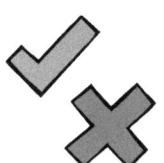

да / не

yebo / cha

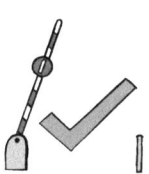

Окей

kulungile

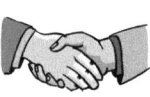

здравей

sawubona

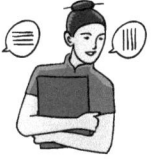

преводач

umhumushi

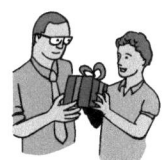

Благодаря

Ngiyabonga

 Колко струва...? iyimalini i...?	 Не разбирам angiqondi	 проблем inkinga
 Добър вечер! Intambama enhle!	 Добро утро! Sawubona!	 Лека нощ! Ulale kahle!
 довиждане bye bye	 посока isiqondiso	 багаж izikhwama
 пътна чанта isikhwama	 раница ubhakha	 посетител isivakashi
 стая igumbi	 спален чувал isikhwama sokulala	 палатка ithende

пътуване - ukuhamba

туристическа информация
imininingwane yamathoristi

плаж
ulwandle

кредитна карта
ikhadi lesikweletu

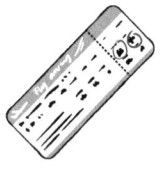
закуска
ukudla kwasekuseni

обед
ukudla kwasemini

вечеря
ukudla kwasebusuku

билет
ithikithi

асансьор
i-lift

пощенска марка
isitembu

граница
ibhoda

митница
amasiko

посолство
inxusa

виза
ivisa

паспорт
iphasiphothi

пътуване - ukuhamba

транспорт
izinto zokuhamba

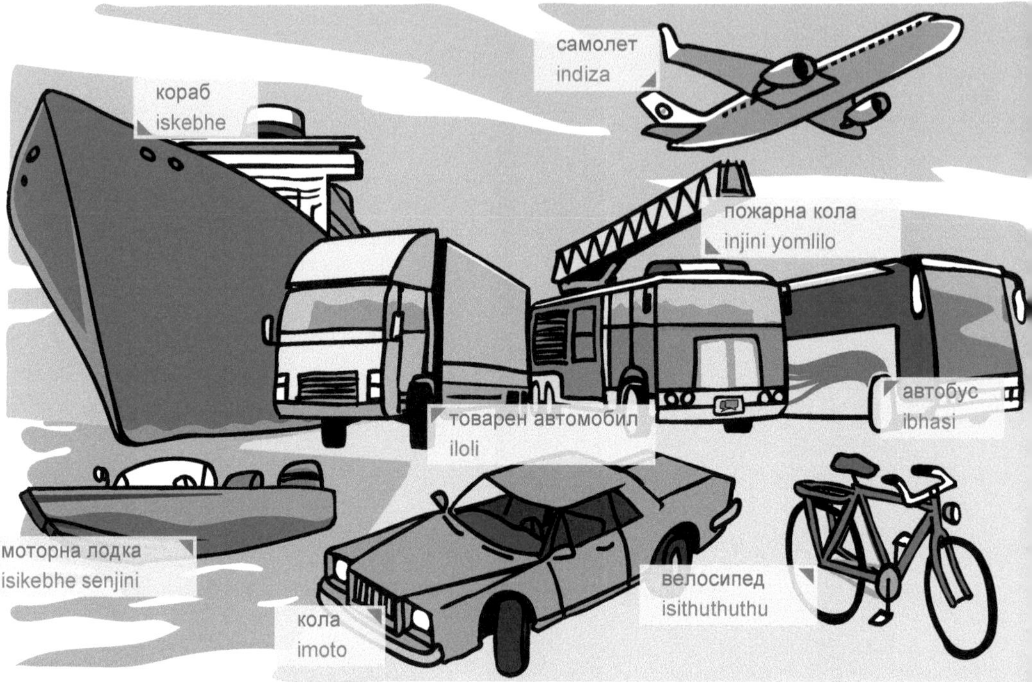

самолет
indiza

кораб
iskebhe

пожарна кола
injini yomlilo

автобус
ibhasi

товарен автомобил
iloli

моторна лодка
isikebhe senjini

велосипед
isithuthuthu

кола
imoto

феribot
isikebhe

лодка
isikebhe

мотоциклет
isithuthuthu

полицейска кола
imoto yamaphoyisa

състезателна кола
imoto ejahayo

кола под наем
imoto eqashiwe

каршеринг

ukurenta imoto

автомобил от "Пътна помощ"

iloli eliphukile

сметовоз

ithrakhi

двигател

injini

бензин

amafutha

бензиностанция

indawo yokuthela uphethiloli

пътен знак

uphawu lwethrafikhi

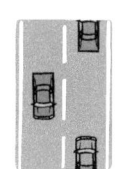

улично движение

ithrafikhi

задръстване

ithrafikhi enkulu

паркинг

indawo yokupaka izimoto

гара

isitashi sesitimela

релси

amaloli

влак

isitimela

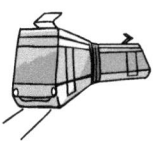

трамвай

ithilamu

вагон

inqola

транспорт - izinto zokuhamba

хеликоптер
ihelikhoptha

аерогара
isikhungo sezindiza

кула
umphongolo

пасажер
iphasenja

контейнер
ikhonteyna

кашон
ikhathoni

ръчна количка
inqola

кошница
ubhasikidi

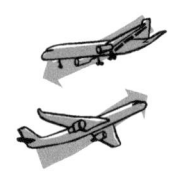
излитам / приземявам се
ukusuka / ukwehla

град
idolobha

село
isigodi

градски център
i-city centre

къща
indlu

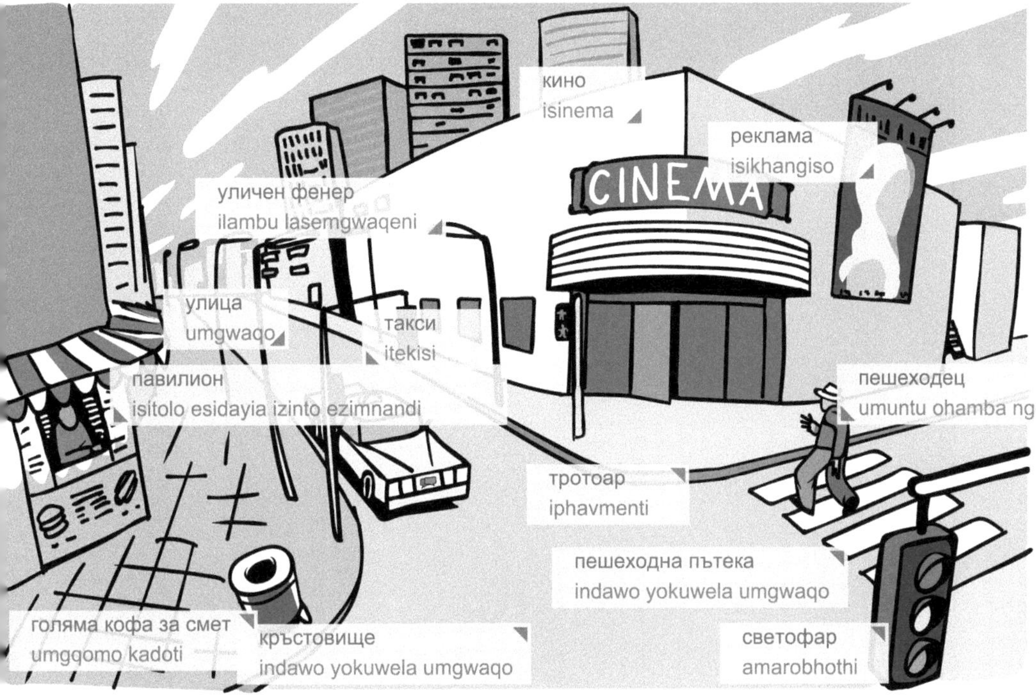

кино
isinema

реклама
isikhangiso

уличен фенер
ilambu lasemgwaqeni

улица
umgwaqo

такси
itekisi

павилион
isitolo esidayia izinto ezimnandi

пешеходец
umuntu ohamba nge

тротоар
iphavmenti

пешеходна пътека
indawo yokuwela umgwaqo

голяма кофа за смет
umgqomo kadoti

кръстовище
indawo yokuwela umgwaqo

светофар
amarobhothi

хижа
indlu yodaka

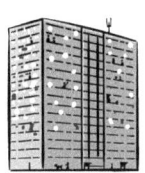

жилище
i-flat

гара
isitashi sesitimela

кметство
i-town hall

музей
imuzilemu

училище
isikole

град - idolobha

университет

inyuvesi

банка

ibhange

болница

isibhedlela

хотел

ihhotela

аптека

ikhemisi

офис

i-ofisi

книжарница

isitolo sezincwadi

магазин за цветя

esitolo

магазин за цветя

istolo sezimbali

супермаркет

emakethe enkulu

пазар

imakethe

универсален магазин

isitolo somnyango

търговец на риба

i-fishmonger's

търговски център

isikhungo sezitolo

пристанище

isikhungo semikhumbi

град - idolobha

парк
ipaki

пейка
ibhentshi

мост
ibhuloho

стълба
izitezi

метро
ngaphansi komhlaba

тунел
umhubhe

автобусна спирка
istobhu sebhasi

бар
i-bar

ресторант
isitolo sokudlela

пощенска кутия
eposini

улична табелка
uphawu lwasemgwaqeni

часовник за паркинг престой
umshini wokukhokhela ukupaka

зоологическа градина
esiqiwini

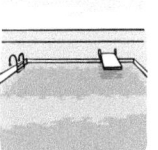

плувен басейн
indawo yokubhukuda

джамия
i-mosque

селски двор
ifamu

замърсяване на околната среда
ukungcola

гробище
amagcwaba

църква
isonto

детска площадка
igrawundi lokudlala

храм
ithempeli

пейзаж
ingadi

- листо — icembe
- пътепоказател — mpambano mgwaqo
- път — indlela
- ливада — idlelo
- камък — itshe
- дърво — isihlahla
- пътешественик — umqwali wezintaba
- река — umfula
- трева — utshani
- цвете — imbali

 долина isigodi	 планина intaba	 море ichibi
 гора ihlathi	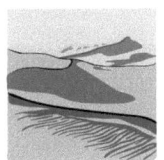 пустиня ogwadule	 вулкан intaba mlilo
 замък isigodlo	 дъга uthingo	 гъба ikhowe
 палма isihlahla sesundu	 комар umiyane	 муха ukundiza
 мравка intuthwane	 пчела inyosi	 паяк isicabucabu

пейзаж - ingadi

бръмбар
ibhungane

жаба
ixoxo

катеричка
i-squirrel

таралеж
i-hedgehog

заек
unogwaja

кукумявка
isikhova

птица
izinyoni

лебед
idada

диво прасе
intibane

елен
inyamazane

лос
i-moose

бент
idamu

вятърна турбина
i-wind turbine

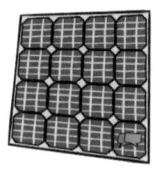

соларен модул
i-solar panel

климат
isimo sezulu

ресторант
isitolo sokudlela

- келнер — uweyita
- меню — imenu
- стол — isihlalo
- супа — isobho
- пица — i-pizza
- прибори за хранене — ikhathilari
- покривка за маса — indwangu yasetafuleni

предястие
ukudla okulula

основно ястие
isidlo

десерт
idizethi

напитки
iziphuzo

ядене
ukudla

бутилка
ibhodlela

бързо хранене

ukudla okulula

улична храна

ukudla okudayiswa emgwaqeni

кана за чай

ithiphothi

кутия за захар

isitsha sikashukela

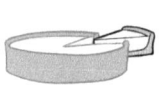

порция

ingxenye

еспресо машина

umshini we-ekspreso

висок детски стол

isitulo esiphezulu

сметка

izindleko

табла

ithreyi

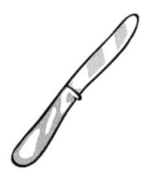

ножица за нокти

ummese

вилица

imfologo

лъжица

ispuni

чаена лъжичка

ithispuni

салфетка

indawo yokusula umlomo

стъклена чаша

igilasi

ресторант - isitolo sokudlela

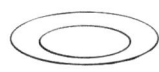

чиния
ipuleti

чиния за супа
ipuleti lesobho

чинийка
isoso

сос
isosi

солница
isitsha sasawoti

мелничка за черен пипер
isitsha sephepha

оцет
uviniga

олио
amafutha

подправки
izinongo

кетчуп
isosi yetamatisi

горчица
isosi yesinaphi

майонеза
imayonesi

супермаркет
emakethe enkulu

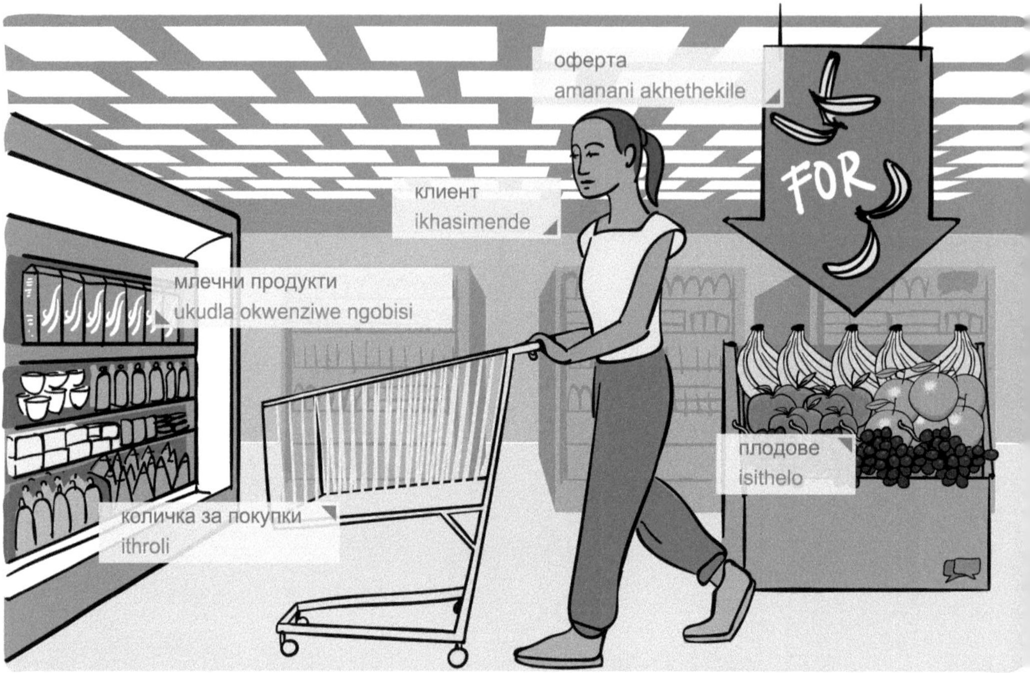

оферта
amanani akhethekile
FOR
клиент
ikhasimende
млечни продукти
ukudla okwenziwe ngobisi
плодове
isithelo
количка за покупки
ithroli

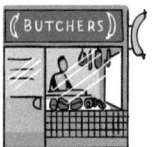

BUTCHERS

кланица

ebhusha

BAKERY

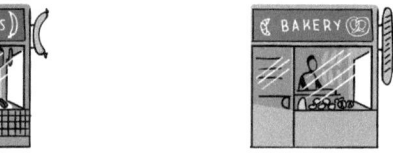

хлебарница

isitolo esidayisa isinkwa

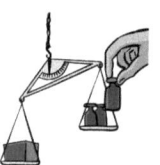

тегля

kala

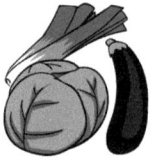

зеленчуци

amaveji

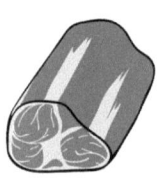

месо

inyama

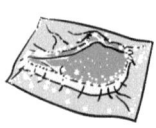

дълбоко замразена храна

ukudla okubandayo

нарязан колбас или сирене
inyama ebandayo

консерви
ukudla okusethinini

перилен препарат
insipho yokuwasha enguphawuda

лакомства
oswidi

домакински изделия
izinto zasendlini

почистващи препарати
izinto zokuhlanza

продавачка
umuntu odayisayo

каса
ithili

касиер
umbali wemali

списък на покупките
izinto okumelwe zithengwe

работно време
amahora okuvula

портфейл
uwolethi

кредитна карта
ikhadi lesikweletu

чанта
isikhwama

пластмасова торба
isikwama sepulastiki

супермаркет - emakethe enkulu

напитки
iziphuzo

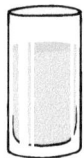

вода

amanzi

сок

ijusi

мляко

ubisi

кола

i-coke

вино

iwayini

бира

ubhiya

алкохол

utshwala

какао

i-cocoa

чай

itiye

кафе машина

ikhofi

еспресо

i-ekspreso

капучино

ikhaphachino

ядене
ukudla

банан
ubhanana

ябълка
i-apula

портокал
i-olintshi

пъпеш
ikhabe

лимон
ulamula

морков
ukherothi

чесън
ugaligi

бамбук
umhlanga

лук
u-anyanisi

гъба
ikhowe

ядки
amakinati

макарони
ama-noodle

спагети
isipagethi

ориз
iraysi

салата
isaladi

пържени картофи
ama-chips

печени картофи
amazambane athosiwe

пица
i-pizza

хамбургер
ibhega

сандвич
isendiwichi

шницел
inyama engenathambo

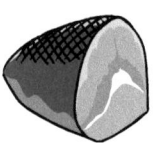

шунка
ham

траен колбас
salami

салам
isoseji

пиле
inkukhu

печено
yosiwe

риба
inhlanzi

ядене - ukudla

овесени ядки

iphalishi le-oats

мюсли

i-muesli

корнфлейкс

ama-cornflakes

брашно

uflulawa

кроасан

i-croissant

хлебчета

isinkwa esiyiroli

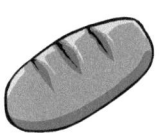

хляб

isinkwa

препечена филийка

i-toast

бисквити

amabhiskidi

масло

ibhotela

извара

i-curd

сладкиш

ikhekhe

яйце

iqanda

яйца на очи

iqanda elithosiwe

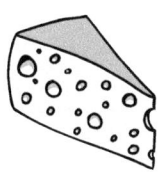

сирене

ushizi

ядене - ukudla

сладолед
i-ice cream

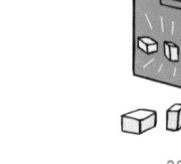
захар
ushukela

мед
uju

мармалад
ujamu

нуга крем
ispredi sikashokholedi

къри
isitshulu

селски двор
ifamu

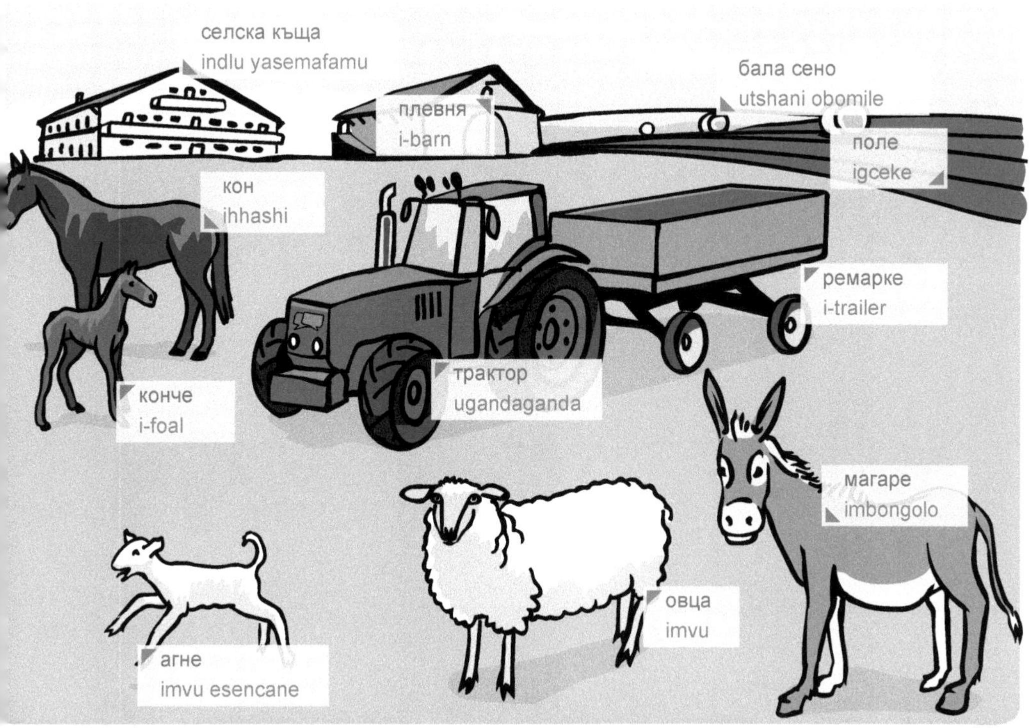

селска къща — indlu yasemafamu
бала сено — utshani obomile
плевня — i-barn
поле — igceke
кон — ihhashi
ремарке — i-trailer
конче — i-foal
трактор — ugandaganda
магаре — imbongolo
овца — imvu
агне — imvu esencane

коза
imbuzi

крава
inkomo

теле
ithole

свиня
ingulube

прасенце
ingulube esencane

бик
inkunzi

гъска
ihansi

патица
idada

пиленце
ichwane

кокошка
isikhukhukazi

петел
iqhude

плъх
igundwane

котка
ikati

мишка
igundwane

вол
inkabi

куче
inja

кучешка колиба
indlu yenja

градински маркуч
ipayipi lokunisela

лейка
ikani lokunisela

коса
ucelemba

плуг
igeja

селски двор - ifamu

сърп
isikela

мотика
ukhuba

вила за тор
imfoloko

брадва
imbazo

ръчна количка
ibhala

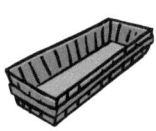

корито
umkhombe

съд за мляко
ubusi olusekanini

чувал
isaka

ограда
ifensi

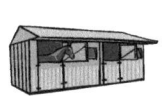

обор
esitebhilini

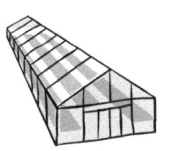

парник
i-greenhouse

земя
inhlabathi

сеитба
imbewu

тор
umanyolo

комбайн
ukuvuna okuhlanganisiwe

селски двор - ifamu

жъна
vuna

реколта
isivuno

ямс
ama-yam

жито
ukolweni

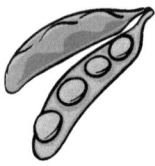

соя
umbhontshisi

картоф
amazambane

царевица
ummbila

рапица
i-rapeseed

овощно дърво
isihlahla sezithelo

маниока
umdumbula

зърнени храни
amasiriyeli

къща
indlu

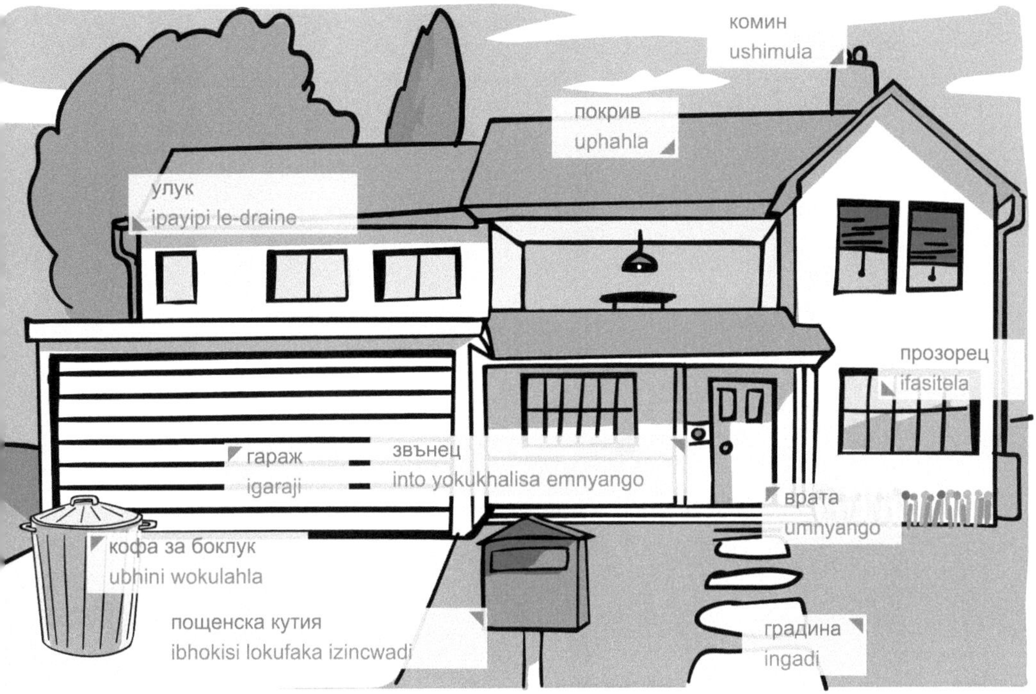

комин
ushimula

покрив
uphahla

улук
ipayipi le-draine

прозорец
ifasitela

гараж
igaraji

звънец
into yokukhalisa emnyango

врата
umnyango

кофа за боклук
ubhini wokulahla

пощенска кутия
ibhokisi lokufaka izincwadi

градина
ingadi

всекидневна
igumbi lokuhlala

баня
igumbi lokugeza

кухня
ikhishi

спалня
igumbi lokulala

детска стая
igumbi lezingane

трапезария
igumbi lokudlela

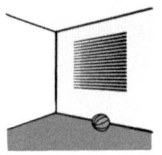

под
phansi

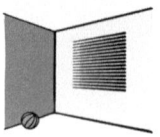

стена
udonga

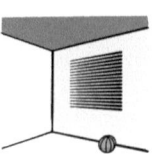

таван
usilingi

изба
i-cella

сауна
i-sauna

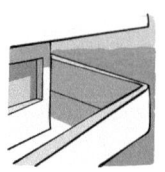

балкон
ibhalconi

тераса
i-terrace

плувен басейн
iphuli

косачка
umshin wokugunda utshani

спално бельо
ishidi

покривка за легло
ingubo yokulala

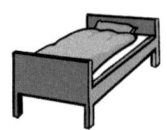

легло
umbhede

метла
umshanelo

кофа
ibhakede

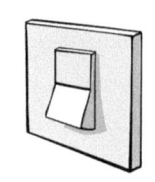

електрически ключ
i-switch

всекидневна
igumbi lokuhlala

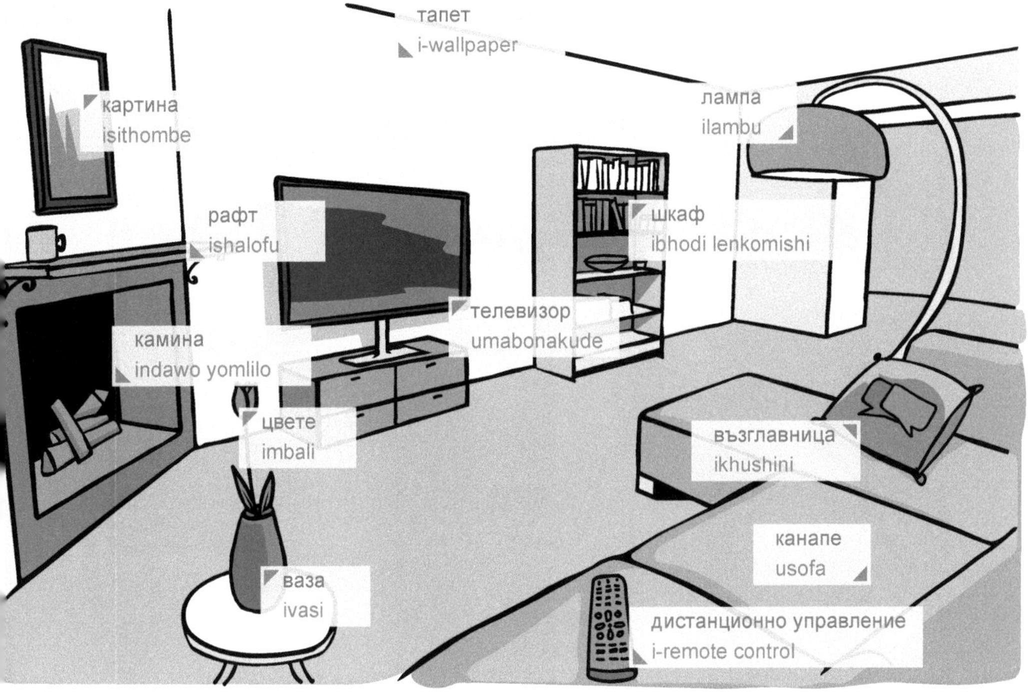

- тапет / i-wallpaper
- картина / isithombe
- лампа / ilambu
- рафт / ishalofu
- шкаф / ibhodi lenkomishi
- камина / indawo yomlilo
- телевизор / umabonakude
- възглавница / ikhushini
- цвете / imbali
- канапе / usofa
- ваза / ivasi
- дистанционно управление / i-remote control

килим
ukhaphethe

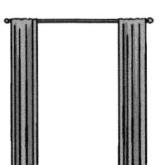

завеса
ikhethini

маса
itafula

стол
isihlalo

люлеещ се стол
isihlalo esinyakazayo

кресло
isihlalo esingangengalo

книга
incwadi

одеяло
ingubo

декорация
ukuhlobisa

дърва за отопление
izinkuni zokubasa

филм
ifilimu

стерео уредба
izinto ze-hi-fi

ключ
ukhiye

вестник
iphephandaba

живопис
ukupenda

постер
iphosta

радио
umsakazo

бележник
i-notepad

прахосмукачка
ihuva

кактус
i-cactus

свещ
ikhandlela

всекидневна - igumbi lokuhlala

кухня
ikhishi

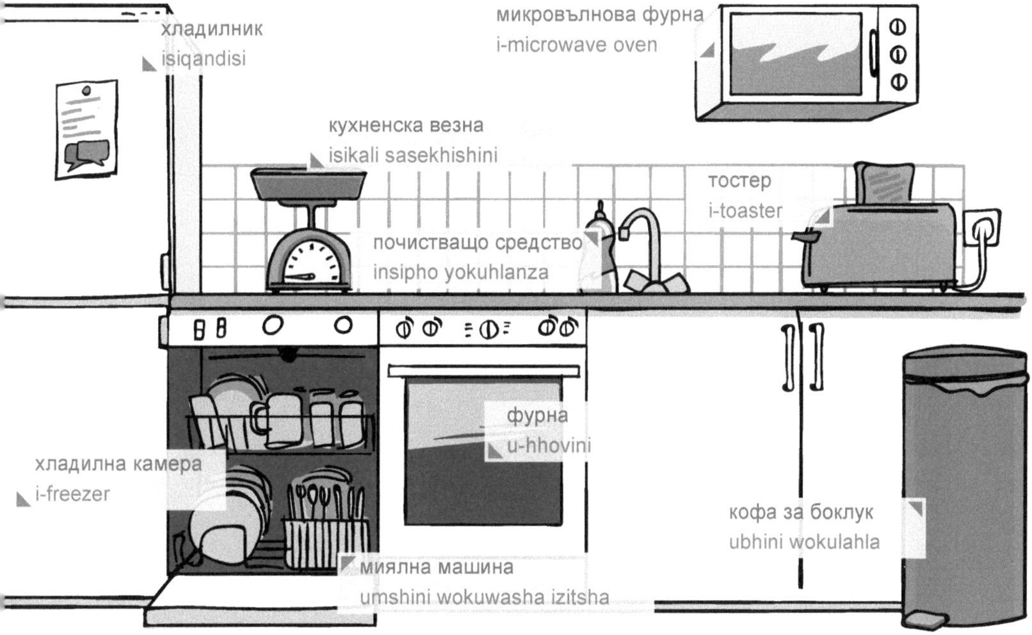

- хладилник / isiqandisi
- микровълнова фурна / i-microwave oven
- кухненска везна / isikali sasekhishini
- тостер / i-toaster
- почистващо средство / insipho yokuhlanza
- фурна / u-hhovini
- хладилна камера / i-freezer
- кофа за боклук / ubhini wokulahla
- миялна машина / umshini wokuwasha izitsha

готварска печка

umshini wokupheka

тенджера

ibhodwe

желязна тенджера

ibhodwe le-cast iron

уок / кадаи

i-wok / kadai

тиган

ipani

кана за затопляне на вода

iketela

уред за готвене на пара

i-steamer

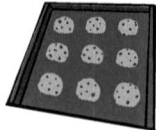

тава за печене

ithreyi lokubhaka

съдове

izitsha zokudla

чаша

imaki

купа

isitsha

клечки за хранене

izinti zendwangu

черпак

isixembe sokuphaka

лопатка за тиган

ispathula

тел за разбиване (на яйца, белтъци)

i-whisk

кошница за варене

i-strainer

гевгир

isisefo

ренде

igretha

хаван

isitsha sodaka

барбекю

i-barbecue

огнище

umlilo

кухня - ikhishi

дъска

ibhodi lokuqoba

точилка

ipini lokurola

тирбушон

iskrew

кутия

ikani

отварачка за консерви

into yokuvula ikani

кухненска ръкохватка

indwangu yokubamba ibhodwe

мивка

usinki

четка

i-brush

гъба

isiponji

миксер

ibhlenda

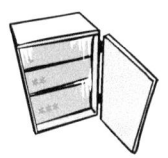

фризер

i-deep freezer

бебешко шише

ibhodlela lengane

воден кран

umpompi

кухня - ikhishi

баня
igumbi lokugeza

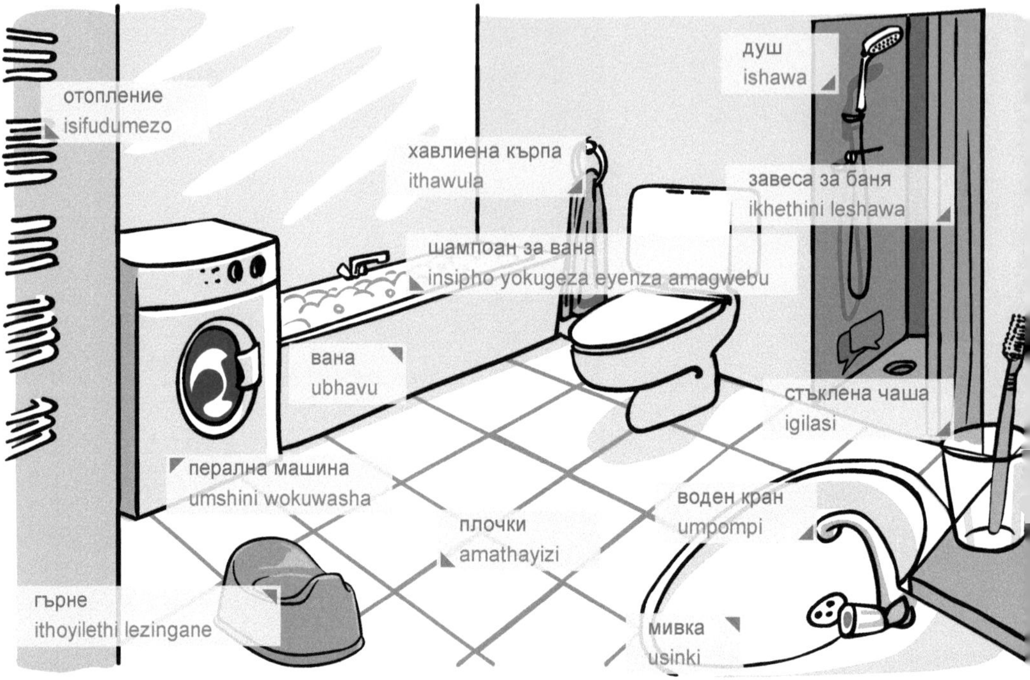

душ — ishawa
отопление — isifudumezo
хавлиена кърпа — ithawula
завеса за баня — ikhethini leshawa
шампоан за вана — insipho yokugeza eyenza amagwebu
вана — ubhavu
стъклена чаша — igilasi
перална машина — umshini wokuwasha
плочки — amathayizi
воден кран — umpompi
гърне — ithoyilethi lezingane
мивка — usinki

тоалетна
ithoyilethi

клекало
ithoyilethi oqoshama kuyo

биде
ithoyilethi le-bidet

писоар
ithoyilethi lokuchama labesilisa

тоалетна хартия
iphepha lasethoyilethi

четка за тоалетна
ibhrashi lasethoyilethi

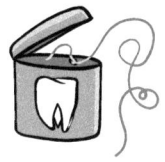

четка за зъби
ibhrashi lamazinyo

паста за зъби
insipho yamazinyo

конец за зъби
into yokuvungula

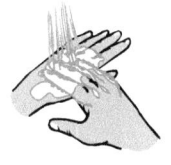

мия
washa

ръчен душ
ishawa ebanjwa ngesandla

интимен душ
uchatho

леген
u-basini

четка за гръб
ibrashi lomhlane

сапун
insipho

душ гел
ijeli yeshawa

шампоан за вана
ishampu

гъба за баня
ishethi lesikoshi

сифон
i-drain

крем
ukhilimu

дезодорант
into yokugcoba amakhwapha

баня - igumbi lokugeza

огледало

isibuko

козметично огледало

isibuko esiphathwa ngesandla

ръчна самобръсначка

ireyza

пяна за бръснене

igwebu lokushefa

одеколон за след бръснене

umuthi ogcotshwa ngemva kokushefa

гребен

ikama

четка

ibhrashi

сешоар

into yokomisa izinwele

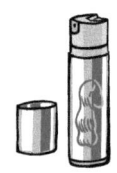

спрей за коса

ispreyi sezinwele

грим

i-makeup

червило

into yokugcoba umlomo

лак за нокти

into yokususa upende wezinzipho

памук

uwuli kakotini

ножица за нокти

isikelo sezinzipho

парфюм

isigqolo

баня - igumbi lokugeza

тоалетна чантичка

isikhwama sezinto zokugeza

табуретка

isitulo

везна

isikali

хавлия

ingubo yokugeza

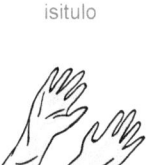

домакински ръкавици

amagilavu erabha

тампон

ithemponi

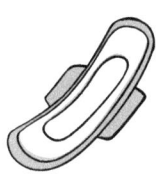

дамски превръзки

iphedi yasesikhathini

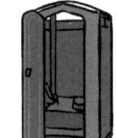

химическа тоалетна

ithoyilethi lekhemikhali

баня - igumbi lokugeza

детска стая
igumbi lezingane

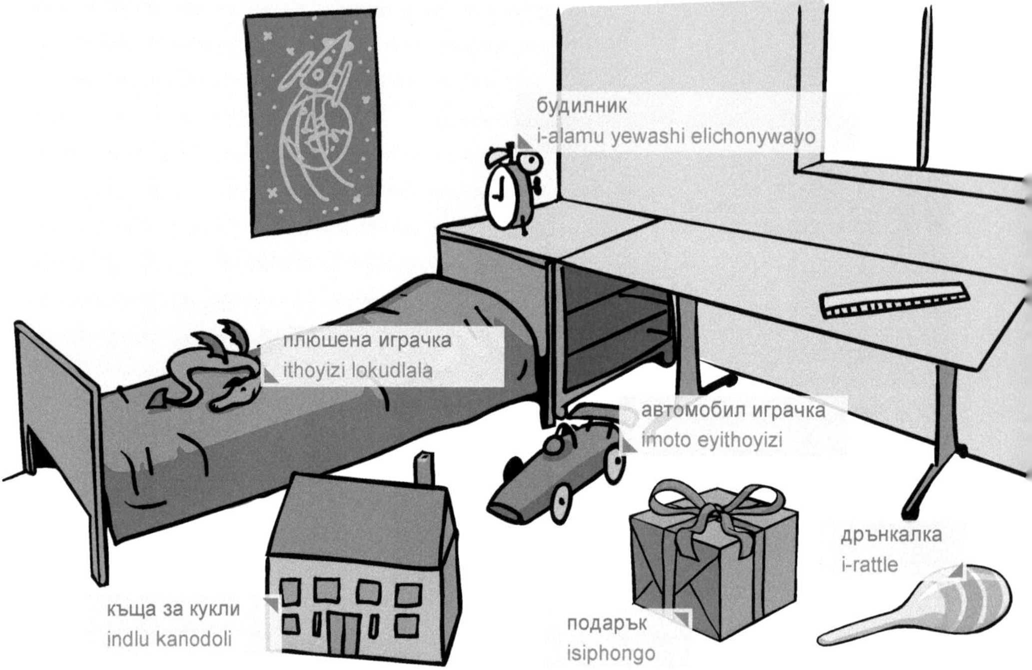

будилник
i-alamu yewashi elichonywayo
плюшена играчка
ithoyizi lokudlala
автомобил играчка
imoto eyithoyizi
дрънкалка
i-rattle
къща за кукли
indlu kanodoli
подарък
isiphongo

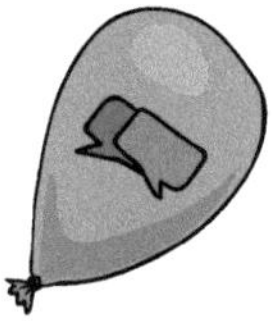

балон

ibhaluni

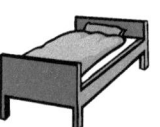

легло

umbhede

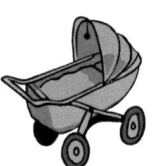

детска количка

iphremu

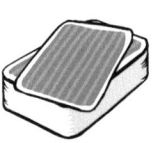

игра на карти

amakhadi

пъзел

i-jigsaw

SUPER
MEGA

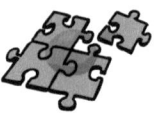

комикс

indaba edwetshiwe

лего елементи
amabrick elego

строителни елементи
amabhuloksi okwakha

екшън фигурка
unodoli weqhawe

бебешки гащеризон
izimpahla zezingane

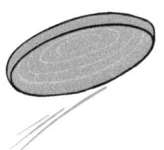

фрисби
i-frisbee

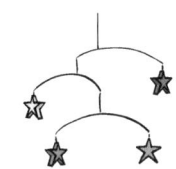

бебешки играчки за легло
amathoyizi ezingane alengayo

настолна игра
ibhodi lokudlala igemu

зарче
idayisi

миниатюрно влакче
isethi yesitimela

биберон
idemu

парти
iphathi

детска книга с илюстрации
incwadi yezithombe

топка
ibhola

кукла
unodoli

играя
dlala

детска стая - igumbi lezingane

пясъчник

umgodi wenhlabathi

люлка

uzwinki

играчка

amathoyizi

игрова конзола

umshini wamavidiyo geymu

велосипед с три колелета

ibhayisikili elinemasondo amathathu

плюшено мече

uthedibhe

гардероб

u-wardrobe

облекло
izimpahla

къси чорапи

amasokisi

дълги чорапи

amastokhingi

чорапогащник

amathayithi

боди
umzimba

панталон
amabhulukwe

дънки
amajini

пола
isiketi

блуза
isikibha

риза
ishethi

пуловер
ijezi elinezigqoko

суичър
i-hoodie

блейзър
ibhuleyiza

яке
ijakhethi

палто
ijazi

дъждобран
i-raincoat

костюм
ikhosyumu

рокля
ingubo

булчинска рокля
ingubo yomshado

облекло - izimpahla

костюм
isudu

нощница
ingubo yokulala

пижама
amaphijama

сари
ingubo yesari

кърпа за глава
isikhafu

тюрбан
isigqoko se-turban

бурка
ibhukha

кафтан
ingubo yekaftani

абая
abaya

бански костюм
impahla yokubhukuda

плувни шорти
amathranki

къс панталон
isikhindi

анцуг
i-tracksuit

престилка
ingubo yokupheka

ръкавици
amagilavu

облекло - izimpahla

копче
ibhathini

очила
izibuko

гривна
ibhengela

верижка
umgexo

пръстен
indandatho

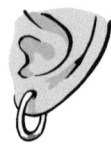
обеца
amacici

каскет
ikepisi

закачалка
into yokuhenga ijazi

шапка
isigqoko

вратовръзка
uthayi

цип
uziphu

каска
ihelmethi

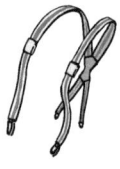
тиранти
ama-braces

ученическа униформа
iyunifomu yesikole

униформа
iyunifomu

лигавник
ibhayi lengane

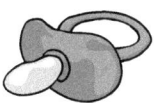
биберон
idemu

пелена
inabukeni

офис
i-ofisi

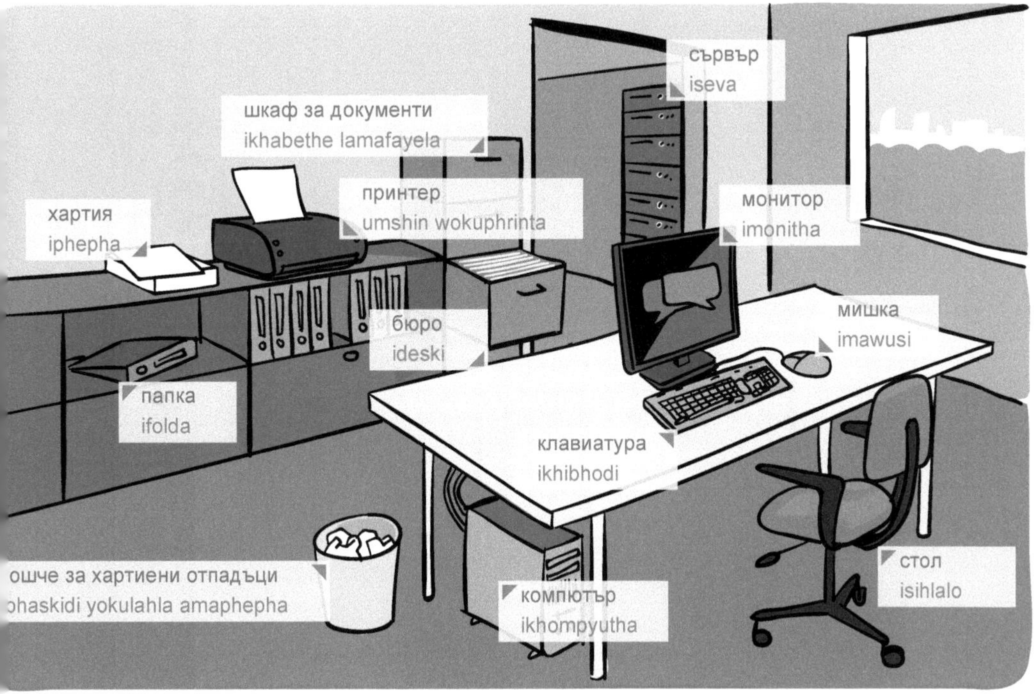

- шкаф за документи — ikhabethe lamafayela
- сървър — iseva
- хартия — iphepha
- принтер — umshin wokuphrinta
- монитор — imonitha
- бюро — ideski
- мишка — imawusi
- папка — ifolda
- клавиатура — ikhibhodi
- кошче за хартиени отпадъци — ohaskidi yokulahla amaphepha
- компютър — ikhompyutha
- стол — isihlalo

чаша за кафе
imagi yekhofi

джобен калкулатор
ikhalkhuletha

интернет
i-inthanethi

лаптоп

ilephuthophu

писмо

incwadi

съобщение

umyalezo

мобилен телефон

ifoni

мрежа

inethiwekhi

ксерокс

ifothokhophi

софтуер

i-software

телефон

ucingo

контакт

indawo yokupulaka

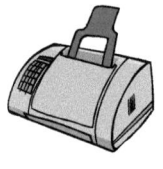

факс

umshini wokufeksa

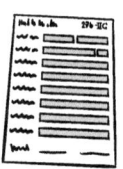

формуляр

ifomu

документ

idokhumenti

икономика
umnotho

купувам
thenga

плащам
khokha

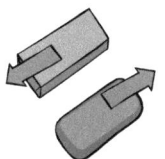
търгувам
shintshana

пари
imali

долар
idola

евро
i-euro

йена
iyen

рубла
i-rouble

швейцарски франк
iSwiss franc

ренминби юан
i-renminbi yuan

рупия
i-rupee

банкомат
umshini wokukhipha imali

обменно бюро	злато	сребро
i-bureau de change	igolide	isiliva

нефт	енергия	цена
amafutha	amandla	inani lemali

  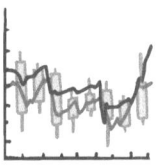

договор	данък	акция
ukuxhumana	intela	isitokwe

работя	служител	работодател
sebenza	isisebenzi	umqashi

фабрика	магазин за цветя
ifekthri	esitolo

икономика - umnotho

професии
imisebenzi

полицай — iphoyisa

пожарникар — indoda ecisha umlilo

готвач — pheka

лекар — udokotela

пилот — umshayeli wezindiza

градинар
umuntu onakekela ingadi

мебелист
umbazi

шивачка
umthungi

съдия
ijaji

химик
umuntu osebenza ekhemisi

артист
umlingisi

шофьор на автобус — umshayeli webhasi

шофьор на такси — umshayeli wetekisi

рибар — indoda edoba izinhlanzi

чистачка — owesifazane ohlanzayo

майстор на покриви — umuntu olungisa uphahla

келнер — uweyita

ловец — umzingeli

художник — umuntu opendayo

хлебар — umbhaki

електротехник — umuntu osebenza ngogesi

строителен работник — umakhi

инженер — unjiniyela

касапин — indawo edayisa inyama

тенекеджия — umuntu osebenza ngamapayipi

пощальон — indoda yaseposini

професии - imisebenzi

войник
isosha

архитект
umdwebi wezakhiwo

касиер
umbali wemali

цветар
umuntu otshala izimbali

фризьор
umuntu owenza izinwele

кондуктор
umqondisi wasesitimeleni

механик
umakhenikha

капитан
ukaputeni

зъболекар
udokotela wamazinyo

научен работник
usosayensi

равин
urabi

имàм
imam

монах
indela

свещеник
umfundisi

професии - imisebenzi

инструменти
amathuluzi

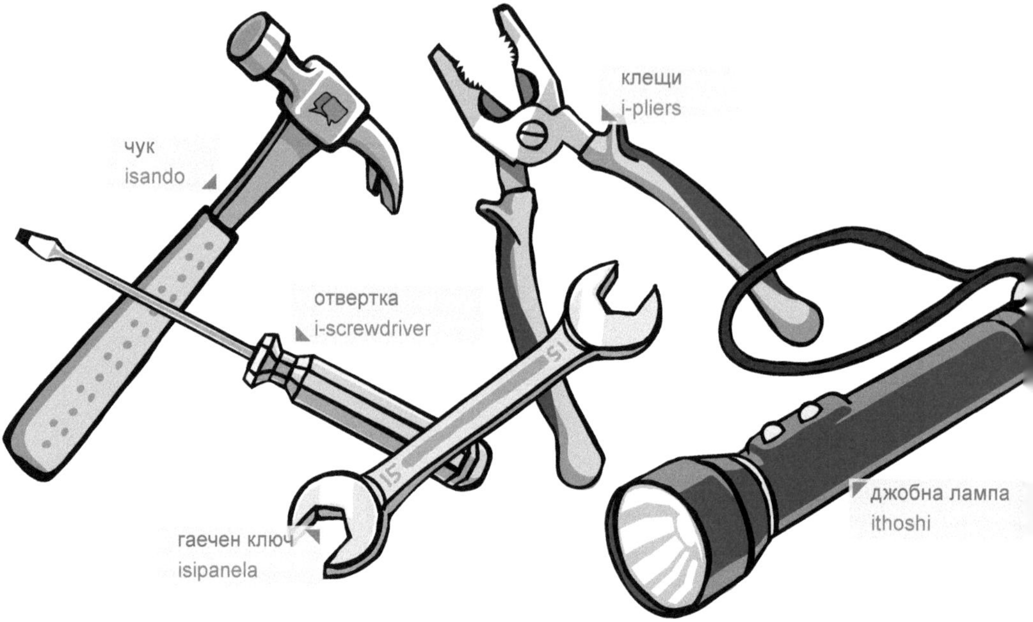

чук
isando

клещи
i-pliers

отвертка
i-screwdriver

гаечен ключ
isipanela

джобна лампа
ithoshi

багер
umshini wokumba

кутия за инструменти
ibhokisi lamathuluzi

стълба
isitebhisi

трион
isaha

пирони
izinzipho

бормашина
i-drill

ремонтирам
lungisa

лопата
ifosholo

По дяволите!
Damethi!

лопатка за смет
idastipheni

кутия за боя
ithini likapende

болтове
i-screws

музикални инструменти
izinsimbi zomculo

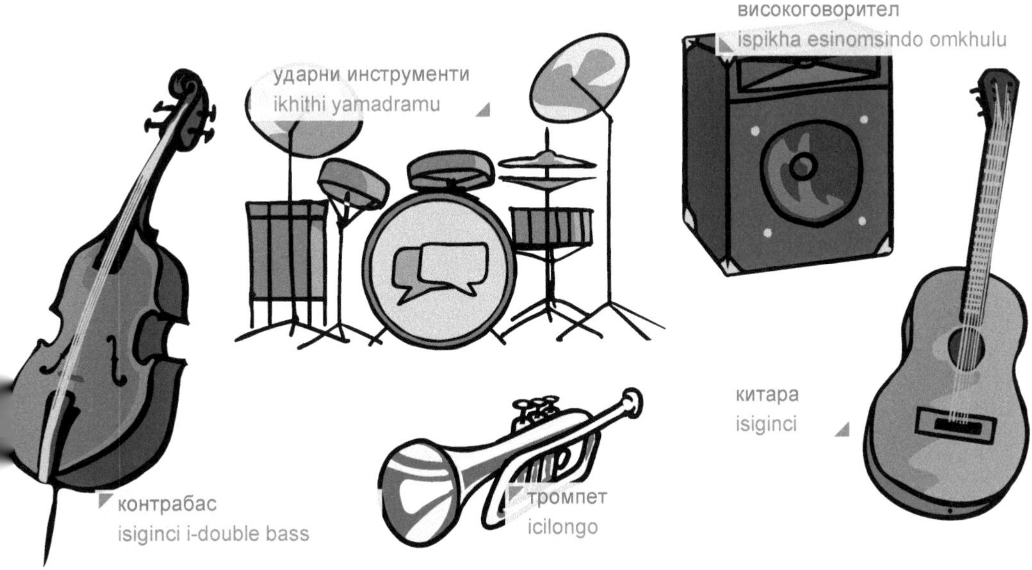

високоговорител
ispikha esinomsindo omkhulu

ударни инструменти
ikhithi yamadramu

китара
isiginci

контрабас
isiginci i-double bass

тромпет
icilongo

пиано

ipiyano

виолина

ivayolini

контрабас

i-bass

тимпан

ithimpani

барабан

amadramu

електрическо пиано

i-keyboard

саксофон

i-saxophone

флейта

umtshingo

микрофон

imakhrofoni

музикални инструменти - izinsimbi zomculo

зоологическа градина
esiqiwini

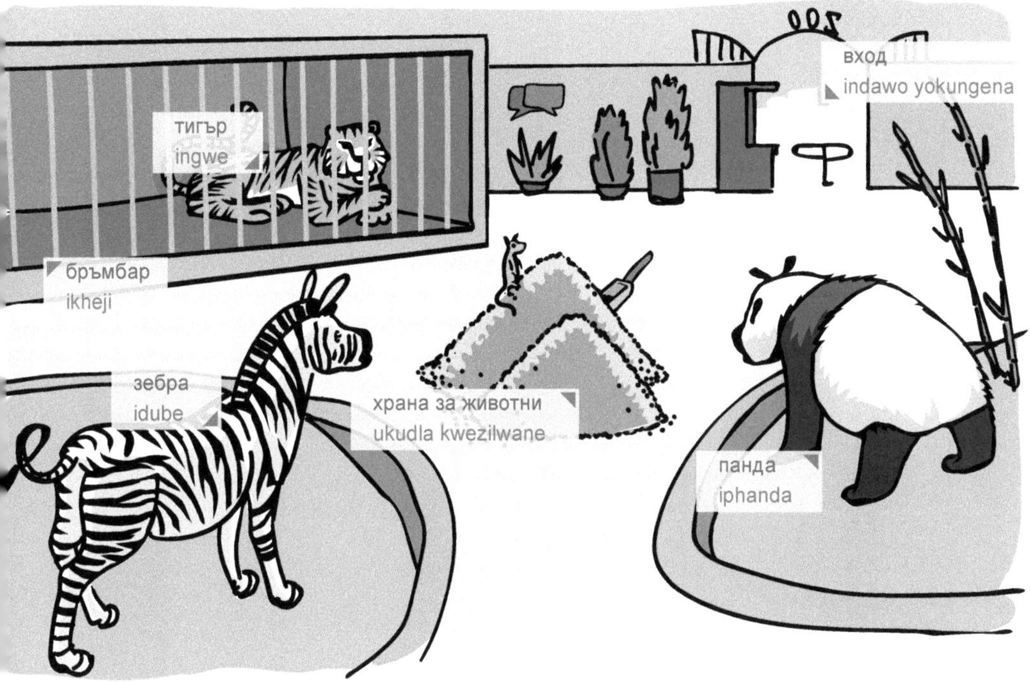

тигър — ingwe
вход — indawo yokungena
бръмбар — ikheji
зебра — idube
храна за животни — ukudla kwezilwane
панда — iphanda

животни
izilwane

слон
indlovu

кенгуру
ikhangaru

носорог
ubhejane

горила
igorila

мечка
ibhele

камила
ikamela

щраус
intshe

лъв
ingonyama

маймуна
inkawu

фламинго
i-flamingo

папагал
upholi

бяла мечка
ibhele laseqhweni

пингвин
iphenguwini

акула
ushaka

паун
ipigogo

змия
inyoka

крокодил
ingwenya

пазач в зоологическа градина
umgcini wezilwane

тюлен
isilwane saseqhweni

ягуар
ijaguwa

пони
iponi

леопард
ingwe

хипопотам
imvubu

жираф
indlulamithi

орел
ukhozi

диво прасе
intibane

риба
inhlanzi

костенурка
ufudu

морж
i-walrus

лисица
ujakalase

газела
inyamazane igazele

зоологическа градина - esiqiwini

спорт
imidlalo

дейности
imisebenzi

скачам / gxuma

прегръщам / haga

смея се / hleka

пея / cula

вървя / hamba

моля се / thandaza

целувам / cabuza

сънувам / phupha

пиша
bhala

рисувам
dweba

показвам
bonisa

бутам
phusha

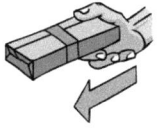

давам
nikeza

взимам
thatha

имам
yiba

правя
yenza

съм
yiba

стоя
sukuma

тичам
gijima

дърпам
donsa

хвърлям
phonsa

падам
yiwa

лежа
amanga

чакам
linda

нося
thwala

седя
hlala

обличам
gqoka

спя
lala

събуждам се
vuka

дейности - imisebenzi

разглеждам

bukela

плача

khala

милвам

qhweba

реша се

kama

говоря

khuluma

разбирам

qonda

питам

buza

слушам

lalela

пия

phuza

ям

idla

разтребвам

coca

обичам

thanda

готвя

pheka

карам автомобил

shayela

летя

ndiza

дейности - imisebenzi

плавам (с платна)
hamba ngomkhumbi

смятане
bala

чета
funda

уча
funda

работя
sebenza

женя се
shada

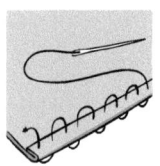
шия
thunga

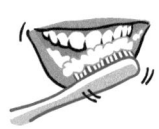
измивам си зъбите
geza amazinyo

убивам
bulala

пуша
bhema

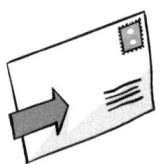
изпращам
thumela

дейности - imisebenzi

семейство
umndeni

баба — ugogo
дядо — umkhulu
баща — ubaba
майка — umama
бебе — ingane
дъщеря — indodakazi
син — indodana

посетител

isivakashi

леля

u-anti

чичо

umalume

брат

umfowethu

сестра

udadewethu

тяло
umzimba

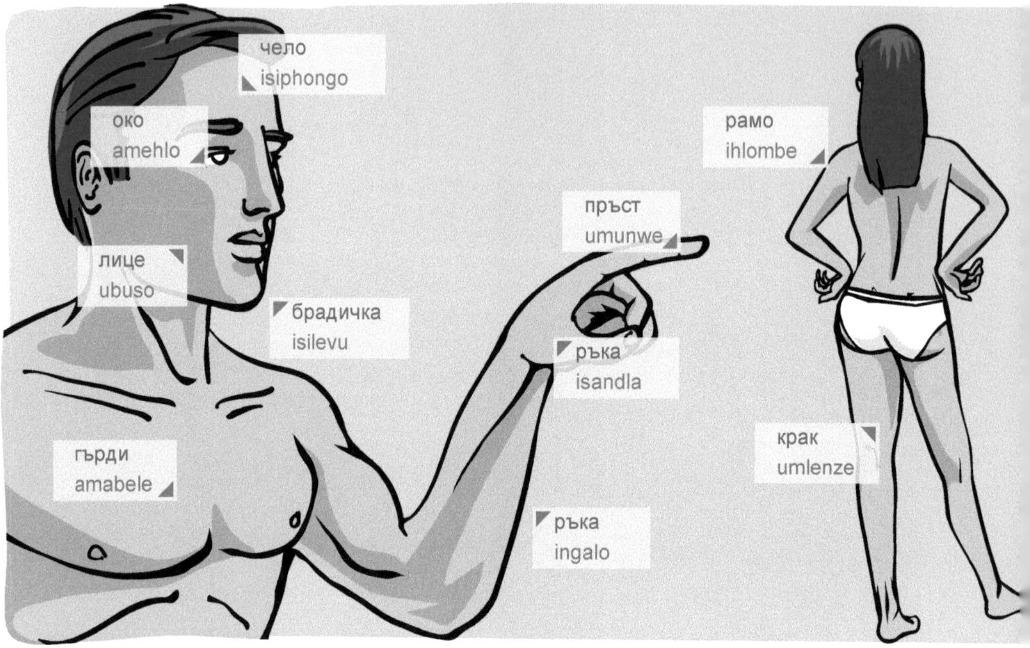

чело / isiphongo
око / amehlo
лице / ubuso
брадичка / isilevu
гърди / amabele
пръст / umunwe
ръка / isandla
ръка / ingalo
рамо / ihlombe
крак / umlenze

бебе
ingane

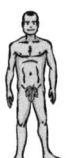

мъж
indoda

жена
owesifazane

момиче
intombazane

момче
umfana

глава
ikhanda

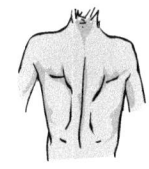

гръб
umhlane

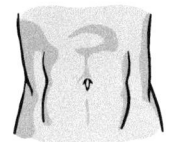

корем
isisu

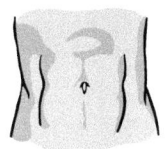

пъп
inkaba

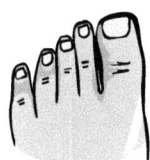

пръст на крака
izinzwane

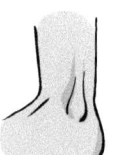

пета
isithende

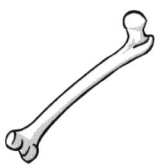

кост
ithambo

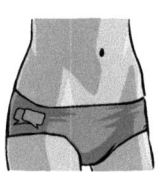

хълбок
inqulu

коляно
idolo

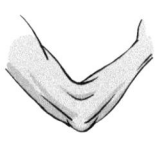

лакът
indololwane

нос
ikhala

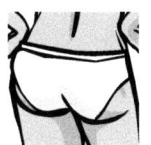

седалище
ingenzansi

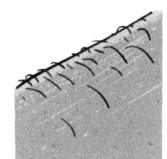

кожа
isikhumba

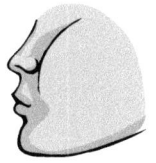

буза
iziqhomo

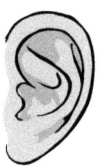

ухо
indlebe

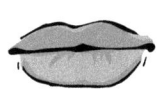

устна
udebe

тяло - umzimba

уста
umlomo

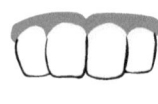
зъб
amazinyo

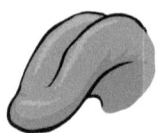
език
ulimu

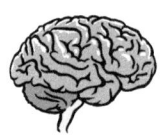
мозък
ingqondo

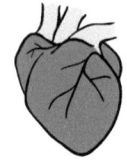
сърце
inhliziyo

мускул
imasela

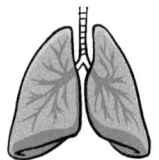
бял дроб
uphaphe

черен дроб
isibindi

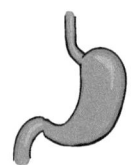
стомах
isisu

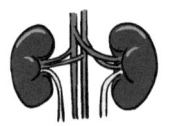
бъбреци
izinso

полово сношение
ucansi

кондом
ikhondomu

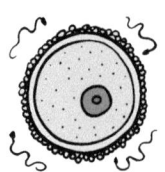
яйцеклетка
iqanda

сперма
isidoda

бременност
ukukhulelwa

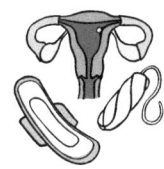
менструация
ukuya esikhathini

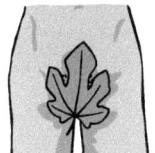
вагина
imomozi

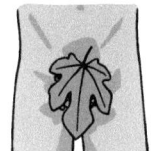
пенис
umthondo

вежда
ishiya

коса
izinwele

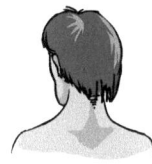
шия
intamo

тяло - umzimba

болница
isibhedlela

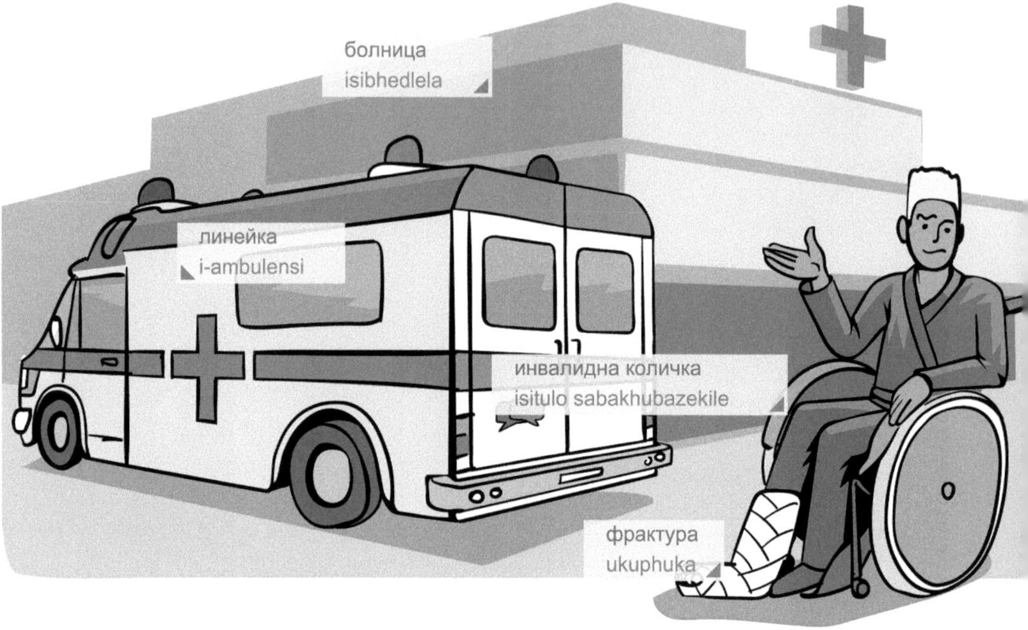

болница
isibhedlela

линейка
i-ambulensi

инвалидна количка
isitulo sabakhubazekile

фрактура
ukuphuka

лекар

udokotela

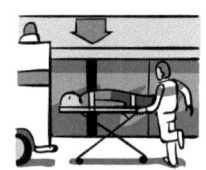

спешна хоспитализация

igumbi leziguli ezidinga ukwelashwa okuphuthumayo

медицинска сестра

umhlengikazi

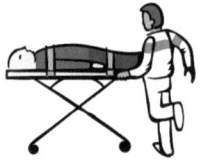

спешен случай

izimo eziphuthumayo

в безсъзнание

ukuquleka

болка

ubuhlungu

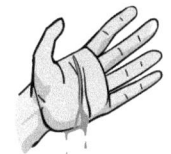

нараняване
ukulimala

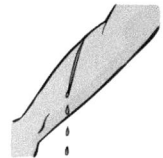

кървене
ukopha

инфаркт
isifo senhliziyo

инсулт
ukushaywa unhlangothi

алергия
ukungazwani komzimba nezinto ezithile

кашлица
ukukhwehlela

температура
imfiva

грип
umkhuhlane

диария
ukuhuda

главоболие
ukuphathwa ikhanda

рак
umdlavuza

диабет
isifo sikashukela

хирург
udokotela ohlinzayo

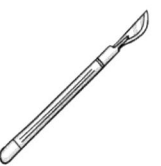

скалпел
isikalpheli

операция
ukuhlinzwa

болница - isibhedlela

компютърна томография
CT

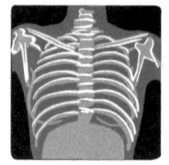
рентген
i-x-ray

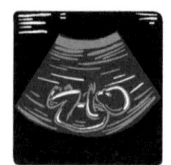
ултразвук
i-ultrasound

маска
imaskhi yasebusweni

болест
isifo

чакалня
igumbi lokulinda

патерица
izinduko zokuhamba

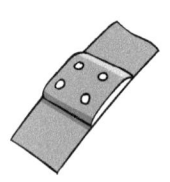
пластир
iplasta

превръзка
ibhandishi

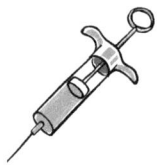
инжекция
umjovo

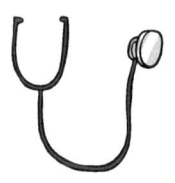
стетоскоп
izipopolo zikadokotela

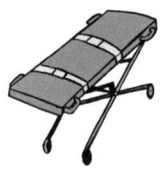
носилка
i-stretcher

термометър
umshini okala izinga lokushisa

раждане
ukubeletha

наднормено тегло
ukukhuluphala ngokweqile

болница - isibhedlela

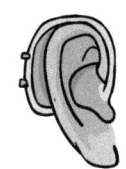
слухов апарат
insizwa yokuzwa

дезинфекционно средство
ukungatheleleki

инфекция
ukutheleleka

вирус
ivariyasi

HIV / AIDS
HIV / AIDS

медицина
umuthi

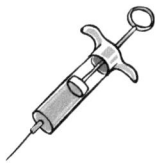
ваксинация
umgomo

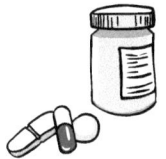
таблети
amaphilisi

противозачатъчна таблетка
amaphilisi

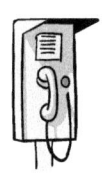
спешно телефонно обаждане
ucingo oluphuthumayo

апарат за измерване на кръвното налягане
umshini okala umfutho wegazi

болен / здрав
ukugula / ukuba umqemane

болница - isibhedlela

спешен случай
izimo eziphuthumayo

Помощ!
Sizani!

сигнал за тревога
i-alamu

нападение
ukuhlasela

атака
ukuhlasela

опасност
ingozi

авариен изход
indawo yokubalekela ngaphansi kwezimo eziphuthumayo

Пожар!
Umlimo!

пожарогасител
isicimamlilo

злополука
ingozi

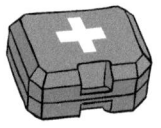

комплект за оказване на първа помощ
ikhithi yosizo lokuqala

SOS
SOS

полиция
amaphoyisa

Земя
Umhlaba

Европа

Europe

Северна Америка

North America

Южна Америка

South America

Африка

Africa

Азия

Asia

Австралия

Australia

Атлантически океан

Atlantic

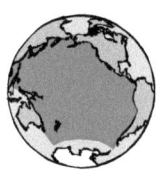

Тихи океан

Pacific

Индийски океан

Indian Ocean

Южен ледовит океан

Antarctic Ocean

Северен ледовит океан

Arctic Ocean

Северен полюс

North Pole

Южен полюс
South Pole

Антарктида
Antarctica

Земя
Umhlaba

суша
umhlaba

море
izilwandle

остров
isiqhingi

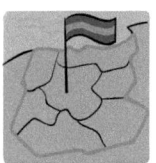
нация
izwe

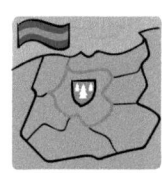
държава
inhlangano engokomthetho

часовник
iwashi

циферблат
ubuso bewashi

стрелка на часовете
isandla sehora

стрелка на минутите
isandla semizuzu

стрелка на секундите
isandla sesibili

Колко е часът?
Ubani isikhathi?

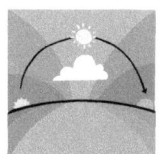

ден
usuku

време
isikhathi

сега
manje

дигитален часовник
iwashi lezibalo

минута
umzuzu

час
ihora

седмица
iviki

понеделник — UMsombuluko
вторник — ULwesibili
сряда — ULwesithathu
четвъртък — ULwesine
петък — ULwesihlanu
събота — UMgqibelo
неделя — ISonto

вчера — izolo
днес — namhlanje
утре — kusasa

сутрин — ekuseni
обед — emini
вечер — ntambama

работни дни — izinsuku zeviki
уикенд — impelasonto

година
unyaka

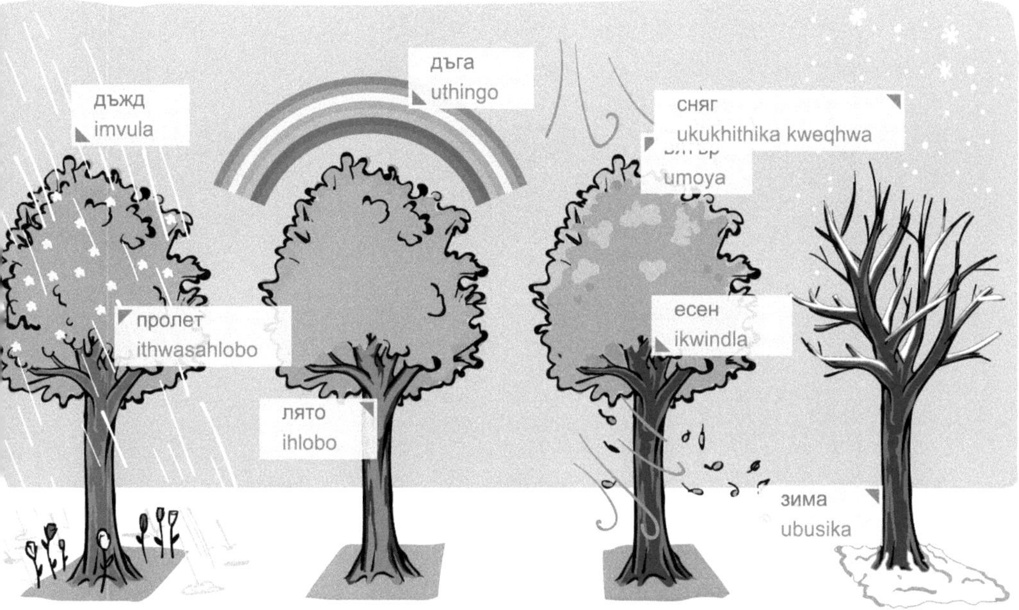

- дъжд / imvula
- дъга / uthingo
- сняг / ukukhithika kweqhwa
- вятър / umoya
- пролет / ithwasahlobo
- лято / ihlobo
- есен / ikwindla
- зима / ubusika

прогноза за времето

isimo sezulu

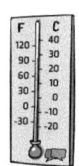

термометър

umshini wezinga lokushisa

слънчева светлина

ukushisa kwelanga

облак

amafu

мъгла

inkungu

влажност на въздуха

umswakama

светкавица
ummbani

гръмотевица
ukuduma kwezulu

буря
isiphepho

градушка
isichotho

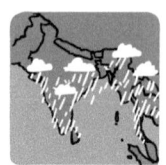

мусон
imvula enkulu

наводнение
izikhukhula

лед
iqhwa

януари
UMasingana

февруари
UNhlolanja

март
UNdasa

април
UMbasa

май
UNhlaba

юни
UNhlangulana

юли
UNtulikazi

август
UNcwaba

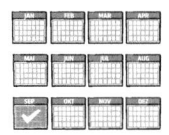
септември
UMandulo

октомври
UMfumfu

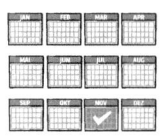
ноември
ULwezi

декември
UZibandlela

форми
amasheyphu

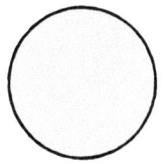
кръг
indilinga

квадрат
isikwele

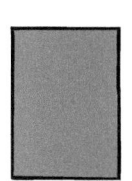
четириъгълник
unxande

триъгълник
unxantathu

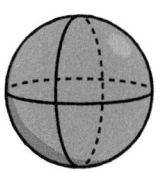
сфера
i-sphere

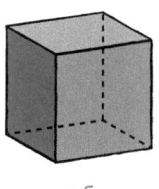
куб
i-cube

цветове
imibala

бял
kumhlophe

жълт
kuphuzi

оранжев
ku-olenji

розов
kuphinki

червен
kumbomvu

лилав
kuphephuli

син
kuluhlaza okwesibhakabhaka

зелен
kuluhlaza

кафяв
kubhrawuni

сив
kuphashile

черен
kumnyama

противоположности
izinto ezingafani

много / малко
kakhulu / kancane

ядосан / спокоен
ukucasuka / ubumnene

красив / грозен
ubuhle / ububi

начало / край
isiqalo / isiphetho

голям / малък
kukhulu / kuncane

светъл / тъмен
kuyakhanya / kumnyama

брат / сестра
umfowethu / udadewethu

чист / мръсен
ukuhlanzeka / ukungcola

пълен / непълен
ukuphelela / ukungapheleli

ден / нощ
imini / ubusuku

мъртъв / жив
ukufa / ukuphila

широк / тесен
ukuvuleka / ukunyinyeka

ядлив / неядлив
okudliwayo / okungadliwa

сърдит / любезен
ukukhohlakala / umusa

развълнуван / скучаещ
ukujabula / isithukuthezi

дебел / тънък
ukunona / ukuzaca

най-напред / най-накрая
ukuqala / ukugcina

приятел / враг
umngane / isitha

пълен / празен
ukugcwala / ukuphela

твърд / мек
ubunzima / ukuthamba

тежък / лек
ukusinda / ukubalula

глад / жажда
ukulamba / ukoma

болен / здрав
ukugula / ukuba umqemane

нелегален / легален
ngokomthetho / okungekho emthethweni

интелигентен / глупав
ukuhlakanipha / isiphukuphuku

ляво / дясно
isinxele / esokudla

близо / далече
eduze / kude

противоположности - izinto ezingafani

нов / употребяван
kusha / sekusebenzile

нищо / нещо
utho / okuthile

стар / млад
okudala / okusha

вкл. / изкл.
vuliwe / kucishiwe

отворен / затворен
vula / vala

тих / силен (звук)
kuthulekile / kunomsindo

богат / беден
ukuceba / ubumpofu

правилен / погрешен
kulungile / akulungile

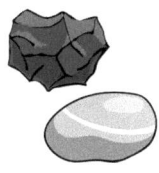
грапав / гладък
kugadlazekile / kuyashelela

тъжен / щастлив
dabuka / jabula

дълъг / къс
kufishane / kude

бавен / бърз
kuyanensa / kuyashesha

мокър / сух
ukuba manzi / ukoma

топъл / студен
ukufudumala / ukuphola

война / мир
ukulwa / ukuthula

числа
izinombolo

0
нула
uziro

1
едно
kunye

2
две
kubili

3
три
kuthathu

4
четири
kune

5
пет
kuhlanu

6
шест
isithupha

7
седем
isikhombisa

8
осем
isishiyagalombili

9
девет
isishiyagalolunye

10
десет
ishumi

11
единадесет
ishumi nanye

12
дванадесет
ishumi nambili

13
тринадесет
ishumi nantathu

14
четиринадесет
ishumi nane

15
петнадесет
ishumi nanhlanu

16
шестнадесет
ishumi nesithupha

17
седемнадесет
ishumi nesikhombisa

18
осемнадесет
ishumi nesishiyagalombili

19
деветнадесет
ishumi nesishiyagalolunye

20
двадесет
amashumi amabili

100
сто
ikhulu

1.000
хиляда
inkulungwane

1.000.000
милион
izigidi

числа - izinombolo

езици
izilimi

английски
isiNgisi

американски английски
isiNgisi saseMelika

китайски мандарин
isiMandarin saseShayina

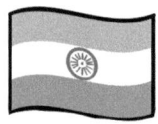

хинди
isiHindi

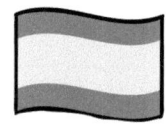

испански
iSpanishi

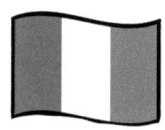

френски
isiFulentshi

арабски
isi-Arabhu

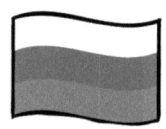

руски
isiRashiya

португалски
isiPutukezi

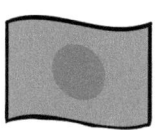

бенгалски
isiBengali

немски
isiJalimane

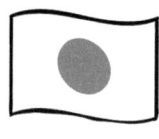

японски
isiJapane

кой / какво / как
ubani / ini / kanjani

аз
Mina

ти
wena

той / тя / то
u / u / ku

ние
thina

вие
nina

те
bona

кой?
ubani?

какво?
ini?

как?
kanjani?

къде?
kuphi?

кога?
nini?

име
igama

къде
kuphi

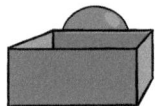

зад
ngemuva

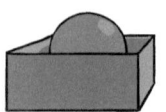

в
ngaphakathi

пред
phambi kwe

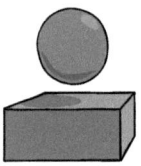

над
phezulu

върху
ngaphezulu

под
ngaphansi

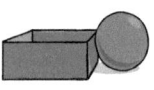

до
eceleni

между
phakathi

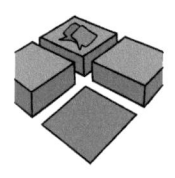

място
indawo